Flores de Pitanga

Joana Tiemann Gabe

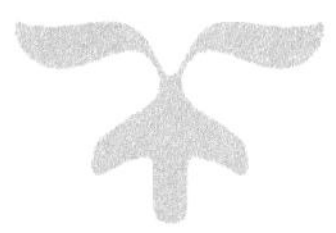

3 DE SETEMBRO DE 2018

BRASÍLIA-DF

EDITORA DO CARMO

© Copyright by Joana Tiemann Gage 2018
Programação Visual Evan do Carmo
Arte da capa: Evan do Carmo
Revisão: Autor

M475m Gabe, Joana Tiemann

Flores de Pitanga / Joana Tiemann Gabe. – Brasília:

Editora do Carmo, 2018.

100 p. 14x21 cm.   ISBN 978-85-924884-5-1

1. Literatura brasileira - poesia. 1. Poesia brasileira. I. Título.

CDU: 821.134.3(81)-1

Sumário

Joana Tiemann Gabe Nasceu em Ibirubá- Rio Grande do sul. A oitava mulher, em uma família com 12 filhos: 4 homens e 8 mulheres. Ariana e sonhadora, sua atitude perante a vida foi sempre otimista.

Desde menina já mostrava essa particularidade no seu temperamento. Em 1973, depois da morte do seu pai, aprendeu que a finitude é uma realidade e, portanto, o dia a dia deve ser intenso. Aprendeu que a vida não espera, não para, não volta.

Aprendeu a ser forte sendo criada por mulheres fortes. Aprendeu a transformar o medo em amor. Foi uma adolescente questionadora, uma jovem contestadora. E hoje, mulher, esposa, mãe e avó que olha as pessoas com empatia e luta por um mundo mais justo e inclusivo.

APRESENTAÇÃO

A poesia é uma distração do espírito, para alguns, para outros, uma missão honrosa, quase sacerdotal, outros a encaram como ofício, trabalho árduo para viver daquilo que nos parece inconcebível.

(...) Enquanto a noite esvoaça sua beleza exagerada
Eu zelo pela poesia semeada
Me cerco de contentamento
Espero o poema florescer,
cheio de sentimento.(...)

O poeta, como um vigia constante do tempo, espera a noite para forjar das quimeras da vida sua porção de esperança. A poesia de Joana tem este particular, o tema noite permeia sua obra aqui exposta.

(...) A vida passa
Filosofia... Novo horizonte?
Fiz hoje tudo o que pude para ser melhor do que fui ontem?
Será que o que virá será melhor do que já passou?
Meu coração pulsa num espaço distante. (...)

Há, contudo, um canto de solidão, que vez por outra expressa desilusão e até desespero, mas o que a encanta, e isto lhe é revelado com o cair da noite; é o fato de que o amanhã traz sempre um novo dia, e com ele a crença de que a felicidade é possível.

(...) À noite eu desejo visitar a lua
para redobrar minha inspiração
e recobrar as forças.

Quando o dia aparece no horizonte
eu só quero abraçar o sol
e evidenciar a minha adoração. (...)

Como criança, a poeta nos infunde fé e, não raro, uma inquebrantável confiança no futuro. De fato, seu segundo tema, ora exposto, ora implícito, é a esperança.

O livro de Joana Tiemann, Flores de Pitanga é um convite à reflexão. Além dos temas aqui citados, o sentimento maior que move a poesia é o amor pela humanidade, a poeta acredita que é possível transformar o mundo, com boa dose de otimismo e atitude altruísta, que sempre será o amor, a causa de todo êxito humano. Para isso ela nos oferece sua rica contribuição através de sua boa poesia.

Fiquei muito feliz em editar esta obra, pelo fato de ter encontrado na poesia de Joana muita sinceridade de alma, pois não há quem finja ser o que não é nem alguém que escreva o que não sente e o que não sabe, não em forma de poesia de excelente casta. A voz que nos fala não se confunde e nem se contradiz, é uma alma só, um mesmo sentimento, uma mesma essência e verdade.

Evan do Carmo, editor

Brasília 04/09/2018

Quando eu me for, meus versos serão esquecidos.
Por essa razão deixo para vocês o inesquecível:
Todo o meu amor em versos e a compreensão
de que viver com ternura é possível.

INTERVALO DE PAZ

Entre a noite e o dia
há uma ponte
do ponto em que se elucubra
ao de beber poesia na fonte.

À noite eu desejo visitar a lua
para redobrar minha inspiração
e recobrar as forças.

Quando o dia aparece no horizonte
eu só quero abraçar o sol
e evidenciar a minha adoração.

Entre a noite e o dia
há uma ponte
do ponto em que os lobos uivam
ao do desabrochar das flores.

Entre a noite e o dia
há uma constante rotina
do ponto em que o palco fica às escuras
ao que se abrem as cortinas.

Talvez eu nunca saiba
se essa ponte tem vista para os sonhos,
pois há neblina que propositalmente jamais se desfaz

tudo que sei é que vale a pena viver cada instante desse intervalo de paz.

ENQUANTO...

Enquanto a noite esvoaça sua beleza exagerada
Eu zelo pela poesia semeada
Me cerco de contentamento
Espero o poema florescer,
cheio de sentimento.
Piso num canteiro de vida voraz
A lei do retorno, causa e efeito.
Quem semeia o bem, colhe paz.

REFLEXÕES DIÁRIAS

Em busca de plenitude, me estiro no sofá.
Enquanto me espreguiço, penso na difícil e admirável arte
de amar
Ouço o barulho do vento vindo de todos os confins.
Experimento a sensação de tranquilidade, enfim, relaxo!

A vida passa
Filosofia... Novo horizonte?
Fiz hoje tudo o que pude para ser melhor do que fui
ontem?
Será que o que virá será melhor do que já passou?
Meu coração pulsa num espaço distante.

A luz que adentra a sala clareia meus pensamentos
Cada coisa no seu ritmo e tempo.

O sol que habita na minha imaginação
Invoca a presença de anjos
Pede guarida
Provoca duelos entre o bem e o mal
Só sabe agradecer
Afinal, quem não precisa de proteção divina para viver?

As flores esquecidas no móvel
ressuscitam as pétalas.

Perfeita conexão entre um coração humano
e a alma de poeta.

SENSIBILIDADE À FLOR DA PELE

Nesta noite
os sonhos chegarão mais tarde...

Agora, aqui, sono agitado
Nos meus ouvidos a voz de Tony Wilson me traz o
passado.
Os dias correm e buzinam saudade.

No meu olhar, quantos nomes ficaram gravados
e viraram presenças
viraram canção
viraram eternidade.

Barulho, um coração quebrado!
Sempre foi assim e sempre será
Sensações enganam e eu não quero ter apenas nomes para
recordar.

Lá fora venta sensibilidade
Quanto mais eu desnudo meus sentimentos,
mais eles me libertam.
E se me perguntares como bate meu coração.
Neste momento, tranquilidade!

NOITE

Olá, noite!
Outra vez tu vens me visitar
Outra vez chega ao fim a tua caminhada diária.
Eu sei que tu pertences a todos,
mas que prefere ficar do lado
dos mais saudosos
dos que precisam da tua poesia para seguir em frente.

Da minha varanda eu te vejo, num cenário perfeito de
inspiração.
Ao teu comando os pássaros dormem, sonhos são
confeccionados, gatos ronronam e cães padecem de solidão.

Eu estou te olhando e percebo que você não mudou
é a mesma que me cobriu nos dias de tristeza e frio
é a mesma que tantas vezes me cativou.

Olá, noite...
Estou tão acostumada com a tua companhia
Obrigada por deixar meu horizonte impregnado de poesia!

6 - DESABRIGADOS

Nos olhos cabisbaixos
dessa gente
o que há?
Um misto de tristeza e ressentimento
o que sentem
não tem como evitar.

Na noite escura e fria
adentram a solidão
Sós, nas esquinas e becos
projetam uma reviravolta
experimentam a sensação
da angústia que sufoca
a vida que perdeu o sopro, revolta!

Na história dessa gente
o que há?
versos escritos num papel qualquer
o inverno que se estende
resignação, cansaço!

De repente
a ternura brota num olhar profundo.
Ah, como são tortuosos os caminhos desse mundo!

AMAR É NÃO PERDER A INOCÊNCIA

Acorda...
Abra-te em encantamento
Colore a vida com as cores dos sonhos
Alumia os teus pensamentos.

Pisa no jardim florido da vida
Entrega-te ao amor que cura
Creia no bem querer
Nega a amargura.

Adocica a existência...
Para que não lamentes o tempo vivido,
jamais perca a inocência.

SOBRE A NOITE

A noite é dos sentimentais
dos solitários
da mente inquieta.

A noite é da lua
musa dos poetas
testemunha silenciosa dos enamorados.

A noite é do amor e seus rituais
dos que vagam sob o luar
dos que têm o coração afogueado
e o delírio no olhar.

A noite é da poesia
daquela que tem arte para burlar
o voo impetuoso dos dias.

VIVER EM GRATIDÃO

Cada qual aprimora suas emoções
do jeito que lhe convém.
Gratidão é virtude que poucos têm.

Quem agradece sabe bem
que este é um ato de reflexão.
Será grato também
quando lhe surgir a inquietação.

No ensejo jubiloso
ou nas insatisfações
unir as mãos para agradecer...
Haverá gesto mais grandioso?

Quisera partir de mim
o sonho que se faz comoção
que todos rompessem a barreira da tirania, enfim,
vivessem em gratidão.

HUMILDADE

Haverá um caminho de luz
para os que dominam o seu lado sombrio
para os que travam uma batalha diária
com seus inimigos internos e os vencem.

Haverá um caminho de luz
para os grandiosos de sentimentos
que ponderam atitudes e emanam simplicidade.

Haverá um caminho de luz
ao longo da longa jornada
para os que doam nesgas de claridade
para os que se banham nas águas cristalinas da gratidão
e vestem a roupa transparente da humildade.

DENTRO DO MEU SILÊNCIO

Céu mobiliado de estrelas
a lua atraente e democrática
a noite debruçando-se sobre mim
a companhia simpática do silêncio
poesia abre as asas
voa, enfim!

A NATUREZA PEDE SOCORRO

A humanidade
Grande malfeitora da natureza
Mãos que alastram a destruição
Corações sem reciclagem...

O capitalismo truculento pede passagem!

Diante da omissão e das falácias:
árvores são cortadas
rios poluídos
animais entram em extinção
habitats naturais totalmente destruídos.
A esperança sendo enterrada sob uma chuva ácida.

Oh natureza
que tanta beleza nos dá
quero acreditar que não é utopia lutar pela preservação
e que sementes da racionalidade
possam, num futuro breve,
novamente em teu chão brotar.

MINHA MELHOR VERSÃO

Por ter a alma jovem
e o entendimento senil
Por carregar o coração no colo
Por ser gente de dentro pra fora
Por saber que o tempo me cobrará a razão, ainda que tarde
Por não ser covarde com os meus sentimentos
Por mesclar devaneios e realidade
Por aceitar críticas como forma de crescimento
Por me fortalecer nas dificuldades
Por cultivar a solidão imprescindível
Por entender que a beleza irresistível está na simplicidade
Por florir em todas as estações...

É que acredito estar vivendo a minha melhor versão.

TEMPO DE VIVER

Tempo...
Ele voa e eu ensaio mais uma coreografia
ele voa e eu sorvo seus ensinamentos
ele voa e eu suavizo meus passos
ele voa e eu me liberto

Ele mostra sua face e a ansiedade aperta o peito
ele segura minhas mãos, chega perto
embaralha meus sentidos e aguça minha insaciedade.
se atreve e risca meu rosto como um felino

Ele se revela senhor e breve
menino e simplório
espalha cores e cheiros
marca território
Ele planta sabedoria e prazer
clareza e entendimento

Ele...
tempo de viver

DESTINO

Elevo meus pensamentos à minha sagrada história
rememoro os fracassos e vitórias.
Na corda bamba da vida
equilibro destino e livre-arbítrio.

Nas encruzilhadas do meu viver
Tantas vezes fui tomada por uma força desconhecida;
Essa força que tantos negam
que entrelaça vidas,
que cruza caminhos
que segrega e também faz a união.

Porém, tenho a convicção
que a minha vontade, o meu otimismo
não caminham a esmo

Quem dera que nossos olhos pudessem ver
além de nós mesmos.

ARRUMANDO A CAMA DOS SONHOS...

A noite está fria
nem por isso deixo de gostar dela.
O vento gelado que entra pela janela
não ousa roubar minha poesia.
Sinto minhas mãos quentes
e estrelas se aproximam do meu olhar.
Não quero ir dormir
sem antes garantir
que terei com o que sonhar.

NOSTALGIA

Meus motivos para sentir saudades
Invadem-me sempre que chega o entardecer
Talvez porque nessa hora tudo canta nostalgia
A música santa que toca no rádio
Hora da ave Maria

A nuvem despreocupada que paira no meu céu
O pássaro azul que voa ao léu
Sem saber que isso é poesia

Há cicatrizes no meu peito
Indolores
Apenas um jeito de marcar o tempo que se foi

Lembranças do ontem
Convergem para o horizonte
A lua já começa a cintilar
Presente de Deus
Nos meus lábios jaz motivos para sorrir

Minha saudade dura poucas horas
E carrega embora
Qualquer lágrima que teima cair.

SURREAL

Rua calada
Um cão conversa com um gato ao pé do ouvido
A lua uiva no céu
Estrelas navegam sobre o mar dos sonhos
Quero-queros cantam Bolero de Ravel
Uma coruja recita Drummond...

Surreal, não?

PÁSSAROS

Contemplo o entardecer
A natureza e suas maravilhas me encantam
O canto dos pássaros
afia minha inspiração
Será que desconfiam
que meu sentimento por eles é de adoração?

Por vezes
penso que sim
outras não

Na dúvida
colho resquícios de suas melodias
e componho canções

Talvez algum dia
Eles percebam
que em meus versos deixei explicito
que sempre os imaginei inquilinos
do meu coração.

AMOR À VIDA

Se você me perguntar
porque o meu amor pela vida não míngua
Eu tenho a resposta na ponta da língua:
A finitude que outrora me fez refém
agora me impõe saber:
Não há tempo a perder

Pelos pássaros que passam e piam alegremente
Pela minha maneira intuitiva de caminhar
Pelos amanheceres que me ofertam novas cores diariamente
Pelos amigos que eu queria aqui comigo e não podem mais
estar.
Pelas quedas e pelas subidas
Pelas coreografias que criei
Pelas palavras puídas
Pelas sensações que ainda não ousei

Pelas alegrias concebidas
Pela minha intenção de voar
Pelo sol, pela chuva, pelo vento, pela abóbada estelar...

Se você me perguntar, eu respondo:
Amo!
Porque há vida no verbo amar.

SENTIMENTO MATERIALIZADO

Do pouco calor que resta
fiz um poema
que atesta meu amor pelo verão.

Porém, tenho que confessar:
A estação que vem independente e cheia de vontade
atiça minha sensibilidade.

Há qualquer coisa de eufemia nesse vento frio
que invade as frestas da minha alma.
Um tempo de reflexão!

Volto meus olhos para o horizonte
e vejo nuvens carregadas de vazio
o sol, um alimento minguado de metabolismo lento
o encantamento por um fio.

Na contramão da vida adocicada
há uma com o gosto insípido de sal
nela, pessoas passeiam pelas ruas
com seus olhares embaçados e casacos de veludo.
A indiferença se enraizou de forma natural.
Tudo está interligado!
O tempo sisudo é sentimento materializado.

CUIDE BEM DO SEU AMOR

Eros planta
rosas vermelhas no nosso caminho,
mas é dever de cada um cuidá-las.

Toda dedicação
tocará o coração dos poetas e artistas
que as pintarão na tela em diversos tons.
Deixarão seu perfume exalar.

Ah! E que perfume bom!

Quantos versos os poetas declamarão?
Inspiração infinita!
A letra bonita da canção falará de jardineiros dedicados
Todos entenderão:
Tão importante quanto plantar é o cuidado com o que foi
plantado.

EU SOU COMO A BORBOLETA...

Eu queria ouvir Benito
porque eu precisava olhar o mundo
de longe e ter a certeza da existência do infinito.
E de repente me vi borboleta voando alto
e tudo em volta foi ficando mais bonito.

Por tudo que há de mais sagrado
acredite
eu senti o perfume da eternidade.
Meu olhar pedinte e acanhado
despertou a curiosidade divina.
Com felicidade eufórica
conheci o segundo pôr do sol
Entendi que o fim nunca termina;
tudo o que vem do coração
ali germina...

Ah, como eu queria
que você estivesse do meu lado
nesse momento de simplicidade e requinte
para atravessarmos o tempo
e juntos termos a compreensão:
Há sempre um despertar no nascer do sol do dia seguinte.

FELICIDADE

Hoje me vestirei de tempo
Descalçarei as sandálias da amargura
Perfumar-me-ei de contentamento
E arrumarei meu cabelo com graça e doçura.

Eu intento encontrar-me com a felicidade!

Para tanto,
É preciso arrumar a casa
Abrir caminhos de flores
Encantar os pássaros
Desvendar o mistério das asas.

É preciso embriagar-se de sutilezas
Entorpecer a mente com beleza e simplicidade.
Sentir a poesia da vida entrando pelos poros,
preenchendo todos vãos.

É preciso fazer uma grande faxina
Jogar no lixo velhos conceitos
Tirar o pó da alma
Remover a ferrugem do coração.

O universo é imenso
A vida é um eterno recomeçar
O tempo é raro

O mundo não para de girar...

Por que insistimos em não crer na intuição?

A felicidade não nos olha de cima
Ela está mais perto do que se imagina.

HORAS AMARGURADAS

Sabe aquele alguém que caminha a esmo pela rua,
com o olhar perdido e triste?
Aquele alguém
com as mãos nuas de poesia
e que insiste em acumular sofrimentos?
Sabe aquele alguém
que estende a noite no dia?
Aquele alguém
que amaldiçoa a própria existência...
Sabe?
Aquele alguém sou eu, é você...
Traindo nossa verdadeira essência.

ACORDEI...

Espreguicei-me com vontade
Uma paz absurda tomou conta do meu ser
Fixei meu olhar na porta
por detrás dela
o que me espera?
o que realmente importa?
Existir é fascinante!
Entender o sentido da vida é um desafio
Assumir atitudes positivas é espiritualidade
Um doce sentimento interrompe meus pensamentos...
A epifania da serenidade.

REIVENÇÃO DE OUTRAS VIDAS

De onde vem
esse olhar que se perde no meio da multidão?
Essa voz que se cala
quando fragilizada pela emoção?
De onde vêm
esses braços fortes
que ousam nadar contra a correnteza?
Esse sorriso grande
diante da certeza da eternidade?
De onde vem
essa esperança que sobrevive em ambientes hostis?
Esse jeito gentil de tratar a vida, de onde vem?
De onde vem essa força tamanha
Essas raízes
firmadas nas entranhas da terra
Que de tão fortes
perpetuam gerações?

PRIMAVERA (das quatro estações, a mais bela)

Passei o outono cultivando estrelas
Plantei no inverno minhas quimeras
Agora abandono
Vou me encontrar primavera
Colher pitangas nos pomares
Ver brotar olhares nas janelas
Viver reprise,
Deslizes
Chegadas e esperas.
Todos os meus dias verão sóis
e ouvirão somente vozes sinceras.

Ah! Quem me dera
Ser girassol
Luz e inspiração
Anunciação de uma nova era.

PEQUENAS FELICIDADES

Eu teria começado o dia em silêncio
Se não fosse pela influência do azul celeste,
que me acordou soletrando possibilidades.

Sofro o mal dos poetas
Alma inquieta
e olhos que captam pequenas felicidades.

DESEJO

Em cada noite
Há um corpo que queima
E um pensamento que excita
Há um amor que fala baixinho
E uma paixão que grita
Há pernas que se encaixam
E braços que dançam
Há um cortejo de emoções
E gemidos que levam ao êxtase
Há um desejo
que alimentado
vira de lado e dorme.

LIBERDADE

Na rua das flores
mora uma linda moça
de nome liberdade
cabelos longos e esvoaçantes.
Quando o dia amanhece ela sorri
Seu sorriso irradia e deixa a vida mais bonita.
Sedutora e bela, ela canta junto à janela
Sempre que alguém se aproxima
ela cochicha condições...
E são tantos que por ali passam
se encantam e a querem possuir.
Mas é preciso revelar o coração
É preciso ter a eternidade no alcance
É preciso ter coragem
para assumir um romance com a moça liberdade.

MEU LEGADO: O AMOR

Uma maneira diferente de ver o mundo.
Mesmo que eu esteja enganada, morrerei acreditando que o
amor é uma bela estrada para se seguir.
Amor pela natureza, pelas pessoas, pelos animais...
E quando eu não mais aqui estiver
novas gerações saberão
que preparei meu coração
para morrer de amor.

QUERIDO DIA!

Nem bem você chegou
E cá estou
Te propondo poesia.

Se for da tua vontade
Escreva versos de amor
Insinue ternura
Distribua momentos de felicidade.

E quando chegar ao fim a tua jornada
Não te esqueças de mim
Me entregue nos braços da noite
Com os pensamentos leves
E a alma renovada.

COLIBRI

Ah, colibri!
Se não fosse a tua mania de sair por aí
beijando flor em flor
eu escreveria poesia só pra ti.
Com a voz doce e macia
recitaria os mais lindos versos de amor.
Pintaria minha boca de vermelho carmim,
a cor que você mais aprecia.
E antes do sol se pôr,
te esperaria no jardim
disposta a te provar
que é de mim que você gosta...

E se ainda assim
você quisesse ir embora
ficaria a certeza
de que a sua natureza
é ser livre.

SOU CONSTRUÇÃO

Sou construção
Nada sei de destroços.
O que é que eu posso fazer
se já nasci alicerçada?

Enquanto muitos
perdem-se nas ruínas da solidão
eu me acho nos silêncios lilases
os que são um sim,
os que foram um quase.

Não me privo das ausências
elas fazem minha saudade inteira.
Sou nova para urgências
velha para o inútil.

O barulho sutil da noite me cai instigante
Minhas rimas iluminam caminhos escuros
Meu melhor poema me aguarda
em alguma gaveta do futuro.

LEMBRANÇAS

Estou aqui
Relembrando nossos momentos
A areia, o mar, o sol, o vento...

Fecho os meus olhos e vejo o brilho do teu olhar
Sinto tuas mãos tocando meu rosto
Ouço música no ar.

Ah, como é bom que esse sentimento te traga de novo pra
perto de mim!

Agora, nós dois juntos viajamos nas ondas sonoras da
paixão.
Voltamo-nos aos movimentos, ao gosto, ao ritmo da canção
que nos leva a dançar sobre as nuvens.

Extasiados, revivemos a poesia de um amor de verão.
Entrelaçadas, nossas mãos se despedem.
Você embarca no trem da saudade
Meus pés seguem para outra direção,

MÁSCARAS

Diferente de quando éramos criança
mostrar a cara limpa hoje não é fácil.
Não temos mais a mesma coragem
nem o olhar grácil e incontestável.
O que temos são sentimentos se degradando...
Mudou tanto a textura do nosso rosto!
Os córregos de ternura secaram
A pele perdeu o viço.
Abandonamos a inocência!
Demasiadamente distante de quem gostaríamos de ser,
não suportamos o peso do julgamento.
Laranjas apodrecidas ninguém quer colher.

AQUELA NUVEM QUE PASSA

Quando criança
Adorava ficar observando o céu
Desejava voar com as nuvens.
Eu sabia que de onde elas vinham, havia poesia e encanto.
Fui crescendo e expandindo meus horizontes
Entendi que a poesia está por todos os cantos.

Hoje, ainda observo o céu, noite e dia!
As nuvens estão lá...
Recitando poesia!

PERTINÁCIA

Por natureza, sou feita de sutilezas.
Discutir com o silêncio é uma mania
Do sim faço canção
Para a solidão,
um abraço, uma travessia.

Por sina, sou toda inspiração
Dentro de mim, a sandice e a lucidez
vivem em plena harmonia.
Minhas estrelas nascem no deserto do não
Tem dias que tudo o que toco
vira poesia.

AOS MEUS ANTEPASSADOS

Na paisagem ignota dos meus dias
desenho meus pés
em terras inexploradas.
Não temo o desconhecido
Permito-me a desertos
Permito-me a floradas.
É herança!

O infinito que habita em mim
guarda vozes dos meus antepassados
Alguns não deram fim a suas biografias
Seus dias de poesia foram delegados
aos que aqui agora estão.

No céu sem limites das lembranças
Forjo ressurreições
Depuro minha memória.

A história que corre nas minhas veias
é de lutas bravias
de imensos abismos
de glórias tardias.

A chave mestra dos sentimentos
sempre esteve ao alcance

Usá-la é também deixar testemunho
de agradecimento e aceitação.

Que num tempo vindouro
novas gerações
colham os louros
de tanta dedicação.

O MEU AMOR

O meu amor não conhece todo o abecedário
Existem palavras que ele não aprendeu a pronunciar
O meu amor não é otário
Ele sabe muito bem por onde caminhar

O meu amor gosta de amparo
Gesto de quem aprendeu a amar
O meu amor é raro
Pérola no fundo do mar

O meu amor gosta de felicidade
A reciprocidade do toma lá dá cá
O meu amor é leve
Breve para quem não souber
amar

O meu amor é assim
Um pouco de tudo
Um tudo no nada
Clarão do sol em plena madrugada

O meu amor é um bem querer sem fim
Um talvez em você
Uma certeza em mim.

NAS RUAS EM QUE CAMINHO

Nas ruas em que caminho
Para o pão de cada dia
Eu vou colhendo sabedoria.

O momento é de andança,
De seguir em frente
Não de retrogradar.

O momento é de limpeza da alma e dos ouvidos
De abrir os olhos para as verdades do mundo.
O momento é de esforço e disciplina.

Nem só de pão viverá o homem,
Mas de toda a palavra genuína.

Nas ruas em que caminho
Para o pão de cada dia
Vejo mulheres e homens solitários
Beirando o abismo do egoísmo.

A indiferença e a covardia
São mecanismos de degradação humana.

Jogo minhas rosas
Nas ruas do pão de cada dia
Com a convicção

De que elas perfumarão
outros caminhos.

MULHER

No palco da vida, ela é atriz
Traz no peito a razão e o feito
De ser do mundo, a mola motriz
Nada pode impedir essa guerreira
Força e fé
Jeitinho de quem nada quer
Esperança e amor
O universo se engrandece e conspira a seu favor
Dona de si, dona do mundo, dona de todos
Ama sem medida
Chora sem medida
Sorri sem medida
Ela sussurra sonhos
Dentro do seu mundo, o impossível não cabe
Ela se permite, ela admite, ela quer, ela sabe
Ela é amor incondicional
Celestial, felina, é menina
Flor
Malmequer bem-me-quer
Várias em uma só
Delicadeza, realeza
MULHER.

CAMINHOS DE SOL

Eu sei que o amor universal permeia caminhos
E sua fragrância ressuscita almas inconscientes.
A mãe natureza é generosa
E jamais esquece seus filhos
A escolha foi feita
Antes mesmo que a primeira criatura habitasse esta terra.

O perfume do princípio vital
Impulsiona minha esperança
Ainda que caminhemos por estradas cravejadas de
diamantes
Havemos de entender que existe apenas uma direção para o
ser:
Ser inteiro!

Acontece um chamamento de paz dentro de nós
Porém a vida superficial não nos permite ouvi-lo
Só a maturidade espiritual
Fará com que ouvidos se abram
Consentindo passagem à delicada cantiga do amor
verdadeiro

Entre as idas e vindas à eternidade
Que amadureçamos nosso amor imaturo.

Há música e poesia no caminho que nos leva para o futuro!

MEU EU INTERIOR

Não queira se colocar no meu lugar
Você não entenderia a engenharia da minha construção
Ela é feita de silêncios e solidão
De entardeceres de outono
De momentos de ilusão.

O meu relógio é o vento
Meu pensamento voa sem direção.
Minhas mãos encontram poesia onde não há.

A canção que me acompanha nesta jornada
É ritmada pelas batidas do meu coração.
Nos jardins da minha emoção
Sentimentos estão em constante metamorfose.

Não queira se colocar no meu lugar
Você jamais entenderia a alquimia
Dessa força que me move.

SENTIMENTOS VIRGINAIS

Muita calma nessa hora,
Diz meu sensato coração,
Há entendimento nos meus sentimentos.
Porém, para um viajor de encantamentos imediatistas,
Alguns parecem não fazer sentido.

Tapo meus ouvidos para qualquer filosofia vã
Creio que sentimentos virginais
São apenas versos coloridos do amanhã.

RITUAL DOS POETAS

Ah, bendito delírio dos poetas!
Esse jeito de ver o mundo,
Que inquieta a humanidade.

Acordar com o sol batendo no rosto,
Aspirar pó(esia)
É ritual desses alucinados.

Há dias
Que sonhos alados desenham o infinito no céu azul
Em outros
Nuvens viajam ao léu
Espalhando gotas de alegria.

Um sorriso no canto da boca
Parece não ter encanto
No entanto
Para quem vive de inspiração
É conspiração do universo.

Cuidado com o que falas
Perto de um poeta
Tudo poderá ser revertido em versos.

A LINGUAGEM DAS FLORES

Quando todos aprenderem a falar a língua das flores
O mundo terá um aroma diferente.
Reconheceremos uns aos outros pelo cheiro.
Não haverá jarros com margaridas
Nem sepulturas cobertas de crisântemos
Cada vida, uma gota num oceano de cores.

Teremos por costume
Nomes como Cravo e Flor de laranjeira.
Palavras ternas,
Simplesmente brotarão dos lábios.
As mãos terão o perfume do carinho
Os pés trilharão o caminho da paz
Braços serão fontes de calor.

E quem não mergulhar fundo nesse mundo
Nunca saberá que a nossa essência é o amor.

LUA ENCANTADA

Era amarela
a lua que enfeitava aquela noite
Amarela de vários tons
e de uma beleza singular
Da janela
olhávamos para ela, atônitos!

Sinônimo de amar,
Enfeitiçou as estrelas e nosso olhar.

Agora,
todas as noites,
por esquecimento ou talvez cautela,
no meu céu,
amarela como aquela,
nunca mais.

EM ALGUM OLHAR PERDIDO TEM ALGUÉM QUERENDO TE ENCONTRAR

Ninguém sabe a importância que tem
na vida de alguém
Sem, repetidas vezes, ouvir isso.

Há verdades que você não sabe e precisa saber:
Sua ausência está sendo sentida
na solidão que consome.
Suas feições tomam forma
quando alguém fala seu nome
No pensamento, a todo o momento você está.
Vivências estão sendo guardadas
para toda a eternidade.
Protagonista de sonhos
Alavanca para torná-los realidade.

Quantas vezes na vida você vai ter que escutar
Que em algum olhar perdido tem alguém querendo te
encontrar?

A COR DA SAUDADE

Pela janela
Vejo o outono
Lágrimas geladas escorrem pelo seu rosto sisudo
Sentimentos confundem-se
Sobretudo, a saudade.

O vento sopra o inefável.
Vulnerável, meu pensamento,
Em uma entrega total,
Viaja a um lugar qualquer
Para o dia, não sei qual.

O pássaro azul
Rompe a barreira da eternidade
Sobrevoa a cidade
E revela segredos
Nunca antes desvendados:
A saudade nasce lúgubre e sem cor
Só cresce com amor
Tem várias vidas
Morre na chegada
Renasce na despedida.

E se o coração do poeta ela invade
Em inspiração se transforma
De alguma forma, colorida.

PELOS DEUSES DA POESIA

Escrevia um poema
Nas ruas da cidade
E antes que eu concluísse
Ele se perdeu de mim
Desde então,
Ando numa procura sem fim.
Por favor!
Se alguém o viu,
Pelos deuses da poesia,
Devolva-me!
Ele pode estar com fome
Ou então passando dias de pavor.
Delicado como uma criança,
Não é difícil percebê-lo
Tenho certeza, nas tuas andanças, já deve ter passado por
ele.
Se você prestar mais atenção em tudo que te cerca
Estou certa,
Que mesmo que ele não seja encontrado.
Ouvirei você dizendo: Muito obrigado!

LUZ E CALOR

Ela acenava para ele com o coração
Ele, dono da razão, apenas sorria

Ela tinha Kid Abelha nos ouvidos
Para ele só fazia sentido letras da Legião

Ela era dúvida
Ele conclusão

Ela amava a primavera
Ele, todas as estações

Ela era luz
Ele calor

Dois seres tão diferentes
E tão iguais

Diferentes na visão
Iguais na dor

(ambos sonhavam morrer de amor)

Mas com o passar dos anos,
morrer de amor virou tão clichê
Que resolveram viver cultivando diferenças.

OUTONO

Eu vi a manhã chegar
Trazendo ares de mudança
Bailarinas de uma nova estação
Com passos outonais na dança.

Sentimentos amarelados caem de mim
A árvore da vida nunca cansa.
De nos mostrar que tudo se renova
Enquanto houver esperança.

O TEMA DO POEMA É AMOR

Eu queria escrever um poema
com o tema: solidão
(eis meu dilema)
Percorri os labirintos da minha alma
Só encontrei alegria e gratidão
Vasculhei as gavetas dos meus sentimentos inversos
Espalhei diversos pelo chão
Porém, a solidão também não estava lá.

Escutei as batidas do meu coração
Talvez ele pudesse me mostrar a direção.

Olhei-me no espelho
Vi olhos sorrindo
Induzindo-me a mudar o tema.

Senti o calor da inspiração tocando meus dedos
O vento veio
Soprou no meu ouvido segredos de beija-flor:
Não há dilema, o tema é amor.
O tema do poema é amor!

A RESPOSTA É SIM

E se a felicidade for tão grande
que eu não consiga abraçar
ou tão pequena que eu não possa
enxergar

Se for uma senhora recatada
que não aprendeu a extravasar
Ou for uma doidivana
que ama a todos
sem joeirar

Se for interesseira
que só se entrega
para quem possa pagar

E se hoje eu perceber que todos meus conceitos sobre ela
não passam de defeito
na lente do meu olhar.
Será que ainda assim
todas as minhas apostas serão nela?

Sim, a resposta é sim!

UM BEM NECESSÁRIO

Então você quer que a felicidade venha
e nem sequer aprendeu assobiar
Quer encontrar um grande amor
e se embrenha na dor e solidão
Espera uma chuva de amigos,
no entanto não faz de abrigo o seu coração

Então você quer ver a felicidade brotando no chão
e nem sequer aprendeu a plantar
Quer alguém que te dê a mão
e mantêm as tuas fechadas
Luta para vencer,
mas tem certeza que a vida é um jogo de cartas marcadas

Então você quer sentir a felicidade imensa
e nem sequer aprendeu a sorrir
Quer ser amado
e não ama a si mesmo

Será que não entende?
A felicidade é um bem necessário
Entretanto, ela é construída dentro de nós e não o contrário.

PRIMAVERA DOS SENTIMENTOS

E quando a primavera dos sentimentos chegar
eu estarei aqui
com as janelas abertas...
Quero sentir
a vibração dos ventos
adocicando o ar
o sol sobre as veredas da vida,
os astros trocando de lugar.
Quero respingos de luz no meu rosto,
decretar a eterna poesia.
Versos, afetos e emoções
Ter um pássaro para amar.
Quero o tempo pingando eternidades
o perfume das margaridas
as batidas do meu coração
gritando novos horizontes,
a alegria barulhenta...
Um sopro forte,
bem forte de vida.

.

A POESIA DO VENTO

Passei um longo tempo debruçada na janela
observando a poesia oculta passar por ela

Perdi as contas de quantas vezes o vento
passou as mãos pelo meus cabelos

Num intuito de felicidade
fechei meus olhos
Me deixei levar pelo invisível

O vento carrega intenções
Tantas vezes incompreensíveis
Nem tudo que ele sussurra é realidade
nem toda verdade ele revela

Assopra e morde
abre caminhos
fecha janelas

Desalinha e beija
Sufoca com seu calor
Promete dias bons
Pede paciência nos ruins

Faz juras de amor
Fala de um querer sem fim

traz um buquê de passarinhos
especialmente pra mim

Como não dizer sim?

NO MUNDO DA LUA

No mundo da lua
Só pode morar quem tem dois corações
Um no peito
outro na palma da mão
Um que ama
outro que escreve poemas em forma de canção

Lá,
a poesia é regra
Quem a ela não se entrega
não pode morar lá não

O sol brilha constantemente
Quando chove,
são gotas de inspiração

O amor perfeito desabrocha
em todas as estações

No mundo da lua
ninguém se sente sozinho
união e carinho
não andam na contramão

Em cada esquina tem um poeta engatinhando
e outro de bengala na mão

O de bengala ensina
Que vida é plantação
Cada um colhe o que planta
sem exceção

O que engatinha traz a poesia no olhar
E a promessa de uma vida delirante de emoção

MUNDO MODERNO

Se você nunca aguou samambaias
nem conversou com formigas
Fica então difícil entender
a cantiga da saudade

As samambaias mudaram de cidade
E as formigas já não conversam mais comigo

Eu as vejo por aí
Usando gravata e terno
Construindo prédios
E comprando remédio para dormir

Adaptaram-se ao mundo moderno

Tenho que me adaptar também
Adeus tédio
Adeus nostalgia

Mas será que alguém poderia revelar
em que cidade as samambaias foram morar?

CORAÇÃO PASSARINHO

Hoje meu coração acordou passarinho
Querendo voar voar
Logo cedinho
se pôs a cantar
Hoje meu coração acordou eufórico
Batendo suas asas
de cá pra lá

Além da janela
procurou seu ninho
não sabia onde pousar

Na vida, tudo o que se sente
faz sentido, coração!
Então
Vá ser passarinho
voe o mais alto que puder voar

Mas não se esqueça de voltar
É no meu peito
o seu lugar.

PEDIDO AO TEMPO

Eu preciso alimentar meus olhos com poesia, todos os dias
Sentir a supremacia da vida
Viver e deixar fluir a minha essência!

Eu preciso elevar meus sentimentos
Vigiar meus pensamentos
Manter o equilíbrio diante das turbulências.

Eu preciso ver que meus passos ainda estão ligeiros e
minhas mãos ágeis
Minha imagem refletida no horizonte
Fazer parte da engrenagem
Eu preciso desfolhar flores e carências
Sentir o perfume da partilha
A dor da ausência.

Eu preciso cirandar com as horas,
de um aprendizado diário.
Ser a alegria que preenche

Eu preciso fiar com prudência
o caminho do passeio solitário,
confiar no inesperado

Eu preciso de tempo...
de tempo prolongado.

NÃO ME PERSIGAS, PRESSA

Não me persigas, pressa
não te quero perto de mim
um dia eu te quis
e você apressou tudo
encurtou os anos
transformou meses em dias
dias em minutos
minutos em segundos
fez o mundo girar apressadamente

que voracidade é essa, pressa?

Com o fio da tua navalha
corta vidas
e quem de ti duvida
acenas com o fim

Não me persigas, pressa
eu sei que o que passou não regressa
só te peço que me devolvas
o tempo que roubou de mim.

FACE REVERSA DA SAUDADE

Há saudade
que é como algodão doce
que adoça a boca
que cristaliza o olhar.

.

Há saudade
prazerosa como banho de mar
que corteja a fantasia
que deixa um perfume de eternidade no ar.

Há saudade
que administra a nostalgia,
a vontade, a presença.

Há saudade
que poliniza o amor
que liberta o sorriso
que abra as asas e voa.

Há saudade
que revela uma história feliz
recheada de lembranças boas.

INQUIETAÇÃO

No silêncio do amanhecer
Algo me perturba
Não é a ausência do sol que teima em não aparecer
Nem o rastro cinza que sai da minha janela em direção ao
infinito
Tampouco o grito da solidão
O que me perturba
É essa vontade absurda
De ter toda a felicidade do mundo
Na palma da minha mão.

EM PAZ

A noite está fria
a lua, como eu previa, bela.
das chaminés saem
fumaça branca
não é noite santa,
mas poderia
há um coisa qualquer de oração no ar
os pássaros silenciaram
e meu coração bate
na mesma sintonia
Sinto, enfim
Que a paz não é utopia.

SIMULTÂNEOS

Pela varanda, a formiga
De cá pra lá
De lá pra cá
Luta, sofre, vai e vem
Ergue as patinhas
Imita um aceno
Nesse mundo tão pequeno
Sabe bem o que quer
A turma daqui de cima não é diferente
Ergue as mãos para pedir proteção
Luta, sofre
E seja o que Deus quiser!

SOBRE O CETICISMO

O dia chega ao fim
Restos de poesia escorrem pelas minhas mãos.
Poesia?
E como fica a vontade de sedar o coração,
de fechar os olhos para as mazelas da vida?
Preciso aromatizar a casa
queimar um incenso de canela
recitar um mantra.
Fazer-me única
Ser o inverso
Essa fagulha de luz que ilumina o universo.

O BAILADO DA POESIA

No silêncio do cair da tarde
no olhar curioso do poeta
entre o amor extrovertido e a paixão secreta
nos pensamentos em colisão
entre o tédio e a diversão
no céu azul anil
entre os bichos e as árvores
no vento que sopra
vindo de todos os confins
nas estadas e estradas
nas águas doces e salgadas
nas florestas e jardins
entre cheiros e sabores
em ti e em mim
ao vivo e em cores,
a poesia baila.

ENTRE O CÉU E A TERRA

Sonhando acordei em um lugar
Onde só existia amor e paz.

Eu vi crianças brincando
Vi animais livres de toda e qualquer maldade
Vi riachos de águas cristalinas
Vi anjos tecendo novos rumos à humanidade.
Vi colinas verdejantes
Vi borboletas gigantes abrindo portais da mudança
Vi homens e mulheres alimentando-se do frugal
Vi várzeas de flores
Senti ventos primaveris.

Fui tomada por um sentimento incondicional
Percebi que estava na linha tênue entre dois mundos.
Eu vi meu pai e minha mãe
Com seus travesseiros do sono profundo.

UM MUNDO DE CORES

Quando acordei
Vi um mundo de cores
A vida a impor sua melodia.
Segundos de introspecção
Por tantos visto como utopia.

No entanto, há um grito de indignação preso no
pensamento,
Encobrindo de negrume o entendimento.
Como oferecer luz a quem profana a magnitude da
existência humana?

Os dias de esperas são longos, eu sei.
Mas os vivo incansavelmente
E espero o dia que a lisura se tornará primordial.

Doravante, sigamos!
Não entreguemo-nos aos usurpadores da liberdade
Que usam das nossas eventuais dúvidas
Para fazer de seus preceitos, verdade.

É PRIMAVERA

Na manhã azul
Tudo é silêncio e espera
Cores buscam harmonia
Beija-flores padecem de nostalgia
Um pingo de luz brota no quintal
O essencial nasce
O tempo floresce
O vento anuncia:
É primavera
Que rufem os tambores!
Agora
Já posso dançar
Sentindo o perfume das flores.

CARTAS NA MESA

Cada qual no seu tempo.
Exporemos os sentimentos que nutrimos
Teremos que colocar as cartas na mesa
Mostrar o jogo:

Eu poderia estar trancada no meu quarto, cultivando solidão
Poderia estar entediada, buscando razões para viver
Poderia ter um coração farto de lutas e ilusões
Poderia tecer reclamações sem medida: da vida, do mundo
Poderia viver cada segundo como vítima das situações
Poderia dizer que minha capacidade de amar já se esgotou

No entanto, aqui estou.
Tentando fazer você acreditar
Aqui estou
Escrevendo versos
Soltando palavras e rimas pelo universo
Colocando poesia e encanto nos dias ensolarados e nos nem
tanto
Eu poderia ser não ou talvez
Mas decidi viver um dia de cada vez
E digo sim para as coisas simples e cotidianas:
Uma declaração de amor, o momento singular do
desabrochar da flor, a paz ao tocar alma humana.

Sentimentalista insana
Sonhadora, sim!
Em mim,
Uma primavera a eclodir
Se eu vim nesse mundo
foi para florir.

TERRA INVERNAL

Tenho andado sob réstias de luz por onde fulgura a
irmandade.
A busca incessante de mãos que gesticulam ternura, não é
utopia.
Eu sei que é ela que salvará a humanidade.

A estrada é longa
E por toda parte vejo impiedosos articulando massacres.
Lágrimas de desafeto e sorrisos arquitetados.
O amor sendo blasfemado.
A lei maior tratada com descaso sem que haja punição.

Meu lamento não me priva de sorrisos
O que me adoece também me cura
A certeza do encontro de mãos puras intensifica meu ânimo
Minha missão neste mundo vil é espiritual.

Descalços, meus pés caminham sobre esta terra invernal.
Desejosa do calor de olhares ternos
Minha alma segue.

ENTARDECER

Por que vieste bater na minha porta, entardecer?
Por que estás sempre querendo mexer com meus
sentimentos?

Tu bem sabes que gosto do longe, do imaginável.
Do amor declarado em sussurros
Feito lentamente
Contrabandeado do céu.

Sabes que sou fiel à dinâmica que nos envolve:
Danço baladas passadas
Ouço *forever Young*
E vozes que se perderam ao léu.

Ah, entardecer!
Se não fosse essa nostalgia fatal
Talvez brindássemos esse dia
Beberíamos poesia
Em taças de cristal.

OLHOS DE CORUJA

Daqui onde estou
vejo a noite iluminada.
Uma coruja pia
a vizinha a olha desconfiada
eu não sei quem disse para ela
que coruja piando
é morte anunciada
isso vizinha,
é crendice de gente mal informada

Conhecedora do oculto,
ela vê alma penada sim
mas isso não quer dizer
prenúncio do fim

Soberana em sua sabedoria
A coruja simboliza reflexão
então vizinha,
durma tranquila
a coruja cuida de nós
Seus olhos incandescentes
iluminam essa vida
e após.

EGOÍSMO

O egoísmo mora em uma casa cercada
lá pouco entra, nada sai

Quando está com fome
se alimenta de egocentrismo
E diz que no abismo ele não cai

Sonha que o mundo gira em torno de si
Só quer ir aonde ninguém mais vai

Pensa ser o dono da razão
gosta de doutrinar opiniões
e isso para ele é natural

Seu emocional é devastador
Sofredor quando suas expectativas não são correspondidas

Um dia ainda morre de amor
Amor-próprio.

CIDADE DOS SONHOS

Houve um tempo em que minha janela se abria
Para uma cidade que parecia ser feita de sonhos

Perto da janela havia uma casinha de madeira
Ao fundo uma montanha
Do lado direito uma laranjeira
Do outro um lago com vários patinhos
Uma ponte unindo caminhos
Completava o cenário
Era uma época de fartura de amor
A vida andava devagar
E a felicidade brotava como flor na primavera.

Eu nunca tive habilidade pra desenhar
mas só eu sabia retratar
a cidade que eu via pela minha janela.

BIPOLAR

Ando feliz demais para parar
Triste para seguir

Será que sou bipolar?

Vivo meus sentimentos aos extremos
Tenho alma inquieta
Uma completa confusão para meu entendimento

Estou sorrindo agora
Saio lá fora
e até o cantar dos pássaros pode me fazer chorar

Será que sou bipolar?

Tempos difíceis esses nossos
Não posso
ser boa e má
louca e santa
alegre e triste
que a medicina insiste diagnosticar:
Bipolar!

MAJESTOSA NATUREZA

Quando eu nasci
A natureza em festa veio me saudar
E não é por vaidade que digo isso
Ela já sabia que um dia nós iríamos nos apaixonar

Eu gosto da sinfonia dos passarinhos
Que bem cedinho
Vêm me acordar

Eu gosto do barulho do mar
É música para os meus ouvidos
Um som merecido
Para quem sabe escutar

Eu gosto de sentir o vento
Tempestade eu enfrento
Se ele quiser me desafiar

Eu gosto de ouvir as lamúrias da mata
Que chora por essa gente ingrata
Que só pensa em desmatar

Eu gosto das flores
Ah! as flores
Flores das cores
Flores dos amores

Foi com elas que eu aprendi amar

Eu gosto do sol
Eu gosto da lua
E da verdade nua e crua

A natureza é majestosa demais
É linda demais
Ela não admite erros
Ela não admite ser maltratada

Ela fica zangada e ensina como se faz

www.editoradocarmo.com.br
editoradocarmo@gmail.com.br
61-981188607
Editor
Evan do Carmo